Kira Berkel

# Neuseeland

Kira Berkel

# Neuseeland

## Eine wunderbare Reise

Bloggingbooks

**Impressum / Imprint**
Bibliografische Information der Deutschen Nationalbibliothek: Die Deutsche Nationalbibliothek verzeichnet diese Publikation in der Deutschen Nationalbibliografie; detaillierte bibliografische Daten sind im Internet über http://dnb.d-nb.de abrufbar.


Bibliographic information published by the Deutsche Nationalbibliothek: The Deutsche Nationalbibliothek lists this publication in the Deutsche Nationalbibliografie; detailed bibliographic data are available in the Internet at http://dnb.d-nb.de.


Coverbild / Cover image: www.ingimage.com

Verlag / Publisher:
Bloggingbooks
ist ein Imprint der / is a trademark of
OmniScriptum GmbH & Co. KG
Heinrich-Böcking-Str. 6-8, 66121 Saarbrücken, Deutschland / Germany
Email: info@bloggingbooks.de

Herstellung: siehe letzte Seite /
Printed at: see last page
**ISBN: 978-3-8417-7446-0**

## Inhaltsverzeichnis

## Vorwort

Neuseeland - das Land der langen weißen Wolken und ein Traum vieler Menschen.

Für mich wurde er Realität.

Nach meinem Abitur 2013 stand für mich fest, dass ich erst etwas von der Welt sehen möchte, bevor ich mich für mehrere Jahre einem Studium widme.

Ich entschied mich für ein ganzes Jahr Work&Travel in einem mir ganz unbekannten Land.

Und so bin ich am 26. August 2013 auf die andere Seite der Erde geflogen, um 365 Tage im schönen Neuseeland zu Arbeiten und zu Reisen.

Begonnen hat meine Reise in Alexandra, mit einer Schulfreundin. Doch schon nach einem Monat erkannten wir die Unstimmigkeiten in unseren Ideen des Reisens und unsere Wege trennten sich.

Ich war von nun an auf mich allein gestellt und hätte mir nichts Besseres vorstellen können. Ab da begann meine richtige Reise durch das Land der Schafe.
Vom Arbeiten auf Vineyards, Farms oder in Fabriken, zu Wanderungen über Vulkanlandschaften, Sanddünen oder durch hüfthohen Schnee. Meine Erlebnisse sind bunt und vielseitig.

Mein Jahr wurde so aufregend, erlebnisreich und unvergesslich, wie ich es mir vorher nicht hätte erträumen wollen.

## Der internationale InterCity

*17. Oktober 2013*

Nach einigem Hin und Her scheint mein Blog nun doch zu funktionieren, wie er sich so machen wird, werden wir dann nach ein paar Tagen/Wochen sehen.

Nun erstmal zum Wesentlichen:

Nachdem sich die Wege von Franzi und mir am letzten Montag getrennt haben, ging es für mich direkt nach Oamaru. Und zwar per Bus. Anders als die Bahn in Deutschland, sind die Städte hier durch Fernbusse verbunden, wie beispielsweise durch den Intercity. Dieser fährt dann von Ort zu Ort und holt die Leute ab.

Mein Bus war rappelvoll. Meinem Ziel, mich schön nach vorne zu setzen um Übelkeit vorzubeugen, konnte ich demnach leider nicht nachgehen. So saß ich letztendlich in der vorletzten Reihe. Doch trotz Schnarchen, lauter Musik, fremden Gerüchen und einem dreistündigen Vortrag über Neuseeland von meinem Sitznachbarn, wurde mir nicht schlecht und meine Laune war super. Das lag vermutlich auch an den super freundlichen Busfahrern und der Vorfreude auf Oamaru.

Im Backpacker angekommen, wurde ich gleich freundlich aufgenommen und prompt gefragt, ob ich nicht hier arbeiten wolle und mir so die Kosten für die Unterkunft sparen könne.

Und so arbeite ich nun drei Stunden am Tag und wohne dafür in diesem tollen Kunstwerk als Haus. Mit einer eigenen art-gallery, unzähligen Bildern an den Wänden, kunterbunter Einrichtung und ziemlich viel Charme hat mich diese Unterkunft direkt gefallen.

Dazu ist die Stadt nur einen kleinen Fußmarsch entfernt und ausgestattet mit jedem erdenklichen und notwendigen Geschäft.

Wie lange ich hier bleibe und wohin es für mich danach weitergehen soll, weiß ich momentan noch nicht. Ich werde erstmal hier meine Zeit genießen und irgendwann weiterziehen, wenn mir danach ist. Ganz nach meinem Geschmack!

## Die Reise geht weiter

*21. Oktober 2013*

Meine eigene Reise begann in Oamaru. In dem wundervollen Backpacker in dem ich für accomodation gearbeitet habe. Mein Ziel war zunächst gute zwei Wochen zu bleiben und eine bezahlte Arbeit zu finden.

Tja… daraus wurde wohl nichts. Am Abend meines dritten Arbeitstages kam eine Gruppe von jungen Leuten angereist. Sechs Leute mit vier Autos. Sie haben sich alle in den letzten Wochen erst getroffen und kennengelernt. Nachdem ich mit ihnen die Pinguine gesucht habe, bekam ich das super Angebot mit ihnen weiter zu reisen, nach Dunedin zum Rugbyspiel der All Blacks!

Mein einziges Problem war jetzt nur noch, ob ich bei einem minimum stay von 10 als Wwoofer das Hostel schon nach 3 Tagen wieder verlassen könne. Doch wie ich die Neuseeländer jetzt schon kennengelernt habe, war das absolut kein Problem.

Kurz: das Spiel war super und eine klasse Erfahrung! Mittlerweile sind wir in der Nähe von Te Anau und wollen gerne Milford Sound erwandern. Doch das Wetter spielt heute nicht mit. Morgen geht's weiter!

Endlich sehe ich was vom Land, lerne neue Leute kennen und habe unheimlich viel Spaß! So darf es weitergehen!

## Ein wunderbarer Trip

*27. Oktober 2013*

Heute hat die Reise mit der Gruppe geendet. Leider, muss ich ganz ehrlich sagen. 10 Tage in denen wir in Dunedin ein Rugbyspiel und dicke Seelöwen, wunderschöne Natur in Milford, coole Partys und super leckere Burger in Queenstown genossen haben.

Das Reisen war so einfach, so unkompliziert. Mit unseren zwei Italienern wurden wir jeden Abend kulinarisch verwöhnt und die Lust Neues zu erleben und zu sehen, hat uns einige sehr schöne Orte entdecken lassen. Wie zum Beispiel ein paar schöne Walks auf dem Weg nach Milford. Besonders beeindruckt hat mich der Lake Marian in Milford. Ein eineinhalbstündiger Walk der nicht nur über Stock und Stein, sondern auch stetig nach oben führte, hat mich ziemlich an den Rand der Erschöpfung getrieben. Doch der Ausblick oben, ein Traum! Ein Spiegelsee, unglaublich klar, umrahmt von schneebedeckten Felsen und Wasserfällen die im See münden. Es war wunderschön!

Auch die Bootstour am anderen Morgen konnte sich sehen lassen. Mit einem gut gefüllten Boot ging es morgens um 9 Uhr los zum Milford Sound. Eine Landschaft aus unberührten Bergen, mit hunderten von Wasserfällen, einigen Pinguinen und Robben.

Nach Milford stand natürlich Queenstown auf dem Plan. Die Adrenalin-Stadt! Doooooch.. nur wenn es nicht regnet. Wenn es nämlich regnet, so wie bei uns die drei Tage, kann man kaum etwas machen. In Regenpausen jedoch haben wir uns Frisbees von unserem Hostel ausgeliehen und haben im Park Frisbeegolf gespielt. Ich hatte zwar gegen die Jungs null Chance, aber Spaß hat es allemal gemacht! Ebenfalls lobenswert an Queenstown (und bei Regen durchaus machbar) ist der Fergburger. Ein Lokal, das die Burger komplett selbst herstellt und sich durch Frische und super Geschmack schon zu einer Tradition entwickelt hat. Und ja, diesen Burger sollte man nicht verpassen!

Nun aber bin ich in Christchurch. Der Erste unserer Gruppe sitzt bereits im Flieger nach Deutschland, drei andere sind vermutlich gerade in Wanaka und die letzten zwei haben Queenstown vielleicht noch nicht verlassen. Die Gruppe hat sich also getrennt, da die ersten nun wieder abreisen, andere arbeiten und wieder andere ihre Reise woanders fortführen.

Es war eine wirklich tolle Zeit, die mir unglaublich viel Freude bereitet hat und die ich auch nicht vergessen werde!

Jetzt heißt es aber wieder auf eigene Faust weiterreisen und hoffentlich mal einen Job finden. Morgen führt es mich nach Blenheim in einen Backpacker, der mir bei der Jobsuche helfen will. Mal schauen wie das wird!

## Blenheim – die Heimatstadt der Saisonjobs

*31. Oktober 2013*

Blenheim, im Norden der Südinsel gelegen, ist für die vielen Jobs auf Weinplantagen oder in Fabriken bekannt. Nachdem ich in Christchurch angekommen bin, stand mein nächstes Ziel direkt fest. Hier sollte sich wohl ein Job finden lassen.

Nachdem ich backpackerboard (das Onlineportal für Backpacker-Jobs in ganz Neuseeland) schon beinahe auswendig konnte, traf ich auf die Anzeige eines Backpackers, der damit wirbt, bei der Jobsuche zu helfen. Direkt angerufen, Bus gebucht und schon ging's am nächsten Tag los nach Blenheim!

Am Busbahnhof angekommen wurde ich sogar in Empfang genommen und zum Backpacker gebracht. Schon mal sehr positiv! Der Backpacker, Leeway's Backpackers genannt, wird von zwei jungen Travellern gemanaged. Einem

Engländer und einer Französin, beide super lieb und sehr darauf bedacht, dass alles stimmt und sich jeder wohl fühlt.

Das Hostel ist ganz gemütlich eingerichtet. Eine große Küche, ein Wohnzimmer mit einigen Sitzmöglichkeiten und Verzierungen an jeder Tür.

Meine Jobsuche stellte sich dann ebenfalls als sehr einfach heraus. Während ich davon ausging erstmal Wochen warten zu müssen, um überhaupt einen Jobangebot zu finden, kam die Französin am zweiten Tag auf mich zu und hatte einen zweiwöchigen Job für drei Mädels von uns. Direkt am gleichen Tag sollten wir schon eingearbeitet werden.

Der Job ist auf einer Weinplantage, so wie ich es mir eigentlich immer vorgestellt hatte. Genauer genommen arbeiten wir auf einigen Weinfeldern. Je nachdem wo wir gerade gebraucht werden. Heute war unser erster Tag und die Aufgabe bestand darin, überflüssige Äste aus den Bäumchen zu entfernen. Da diese allerdings gerade mal hüfthoch ist, müssen wir uns entweder hinknien oder bücken um an die Äste zu kommen. Über acht Stunden ist das ganz schön anstrengend! Doch einen großen Vorteil hat der Job jetzt schon: Ich werde braun!! Und das super schnell!

Nach den zwei Wochen in diesem Job steht eventuell schon der nächste an.

Geplant ist für mich bis Weihnachten zu arbeiten, um meine Reisekasse zu füllen! Wie werde ich dann schon sehen.

## Kleine Änderung in den Jobaussichten

*12. November 2013*

Ja die Vineyard-Arbeit ist hart, ungelogen. Morgens geht es um sieben Uhr auf der Weinplantage los. Dann wird sich acht Stunden gebückt und die Weinpflanzen bearbeitet. Wenn man auf ‚contract' arbeitet, muss man sich auch ganz schön beeilen damit man das Minimum erreicht. Gut ist daran, dass man ganz gut verdienen kann wenn man schnell genug ist. Auf Dauer, und das heißt in unserem Fall nach einer Woche, wurde es Chrissi und mir zu anstrengend und wir haben letzten Freitag gekündigt. Bereuen tun wir es beide nicht. Noch am selben Tag habe ich sogar einen neuen Job bekommen. In einer Muschelfabrik und wenn es uns gut gefällt sogar bis Weihnachten. Gestern war unser erster Tag und es ist wesentlich entspannter als auf dem Vineyard. Aufgrund von Leutemangel arbeiten wir erstmal eineinhalb Wochen und dann werden wir eventuell fest übernommen. Die Arbeit ist bis jetzt wenig spannend, unanstrengend und gut auszuhalten.

Bis jetzt bin ich sehr positiv gestimmt, auch wenn wir jeden Morgen um 5 Uhr abgeholt werden. Wenn es gut läuft werde ich in diesem Job bis Weihnachten Geld verdienen.

## Ein besonderer Geburtstag

19. November 2013

Meine erste Befürchtung meinen Geburtstag alleine verbringen zu müssen, stellte sich als unnötig heraus. Meine Feier war einfach super!

Genau genommen fand das meiste nachts statt. Samstagabend gab es ein großes Feuerwerk über der Stadt, dessen Anlass keiner so richtig wusste. Wir sind mit fast allen aus dem Hostel ein bisschen aus der Stadt raus gefahren und haben einen Hügel erklommen. Von dort aus hatte man einen wundervollen Blick über die Stadt und auf den Sonnenuntergang. Als es dunkel wurde ging ein halbstündiges, recht beeindruckendes Feuerwerk in die Luft. Mit Wein und Decken ausgestattet konnten wir es richtig genießen.

Danach sind wir wieder zurück ins Hostel gefahren und haben im Shed (der Partyschuppen) unseren Samstagabend genossen. Um 12 Uhr kamen dann ein paar Mädels singend und mit drei (!) Kuchen rein. Ich wurde von allen herzlich beglückwünscht und habe sogar die ein oder andere Kleinigkeit bekommen. Die weitere Nacht war einfach nur amüsant und seeeeehr lang, sodass ich erst um 6 Uhr meinen Kopf ins Kissen gedrückt habe. Der Sonntag, mein eigentlicher Geburtstag, war dementsprechend entspannt und ruhig. Mein Highlight bestand ohne Frage in dem Telefonat mit meiner Familie. Mit ihnen zu reden, ihre Stimmen zu hören, zu lachen und mal richtig zu erzählen hat mich mit einer so unglaublichen Energie und Freude erfüllt, dass an Schlaf in den nächsten Stunden nicht zu denken war.

Alles in allem hatte ich einen guten und einzigartigen Geburtstag mit so vielen tollen Menschen! Daran werde ich mich immer wieder gerne erinnern!

## Ein Stück Familie am anderen Ende der Welt

*24. November 2013*

Es gibt Tage, die sind einfach perfekt.

Wie zum Beispiel der letzte Donnerstag. Meine Cousine Laura war da! Sie reist für sieben Wochen mit einer Freundin durch Neuseeland. Obwohl es erst nicht fest stand, haben wir uns hier in Blenheim getroffen. Das Wetter war klasse und wir saßen lange zusammen, haben viel geredet, erzählt und gelacht. Abends haben wir uns Essen geholt und im Park genossen und den Tag schließlich abgeschlossen mit einer witzigen Fotosession.

Es war einfach schön. Schön mit jemandem Zeit zu verbringen mit dem man sich so gut versteht. Besonders schön, da es jemand aus der eigenen Familie ist und es irgendwie unwirklich ist am anderen Ende der Welt jemandem so nah zu sein. Ich war so voller Energie und guter Laune, dass ich die ganze Welt umarmen wollte.

Das das noch gesteigert werden konnte, wurde mir dann zurück im Hostel klar. Das Geburtstagpaket meiner Familie war angekommen!! Ich bin vor Freude wie wild durchs Hostel gehüpft! Gefüllt war das pinke(!) Päckchen mit wunderbaren Sachen. Darunter einer süßen Lichterkette, die nun mein Bett schmückt und mein Weihnachtsgefühl noch mal steigert.

Tannengrüne Nägel, Lichterkette, Weihnachtsschokolade und Weihnachtsgeschenke! Die Weihnachtszeit ist eingeläutet!

Dieser Tag war einfach perfekt. In seiner ganzen Form. Immer wenn ich an ihn nun zurück denke, erfüllt mich ein sehr schönes Gefühl und ich habe ein Lächeln im Gesicht.

Solche Tage sind etwas ganz Besonderes!

## Mit 6 Autos von Blenheim nach Christchurch und zurück

*25. November 2013*

Man merkt schnell, dass die Leute hier in Neuseeland anders ticken. Ihre Einstellung ist offen und unverfangen, was das Reisen sehr einfach macht. Ich spiele gerade besonders auf eine Reisemethode an, die viele lieber mit Abstand betrachten, mich eingeschlossen.

Aus einer spontanen Idee entstanden, mit einem Zweck gefüllt und gut vorbereitet sind Laura und ich dieses Wochenende nach Christchurch getrampt. Wir beide hatten es vorher noch nicht gemacht und waren eher abgeneigt.

Mein Ziel in Christchurch war es einen neuen Reiserucksack zu kaufen, da das Reisen mit einem Koffer sehr umständlich ist. Laura hingegen musste einfach mal aus Blenheim raus und etwas anderes sehen und so haben wir uns zusammen auf die Reise gemacht.

Freitagnachmittag sind wir losgegangen und haben uns vor die Stadt an die Straße gestellt und ganz typisch den Daumen raus gehalten. Ich muss ehrlich sagen, dass die ersten Daumen wirklich schwer vielen, aber nach eine paar passierenden Autos steckt schon eine andere Motivation dahinter. Der erste Wagen hielt bereits nach einer Viertelstunde. Ein Maori der uns anbot uns mit in den nächsten Ort zu nehmen, etwa eine halbe Stunde entfernt. Wir haben es angenommen und sind mitgefahren. Ein paar Tipps und Tricks reicher sind wir in Seddon angekommen und haben uns wieder an die Straße gestellt. Die Stadt ist sehr klein und da der Himmel sehr bewölkt war und alles in grau tunkte, war es etwas gruselig. Nach etwa einer halben Stunde sprach uns eine alte Dame an, die gerade aus dem Supermarkt kam. Sie würde nach Kaikoura fahren und uns mitnehmen. Kaikoura war unser Ziel für diesen Tag und mit dieser viel reisenden, sehr sympathischen Dame haben wir es super erreicht. Eine Nacht in einem schönen Hostel und am nächsten Tag ging es weiter. Als Tramper lernt man die Entfernungen ganz anders einzuschätzen. So sind wir erst einmal eine halbe Stunde gelaufen, um an einer gute Stelle zum trampen zu kommen. Das Wetter war weiter auf unserer Seite, was unsere Motivation für diesen Tag allerdings nichts wirklich heben wollte. Trotzdem hieß es: Daumen raus! Etwa vierzig Minuten später hält ein kleines, weißes Auto schwungvoll neben uns. Ein junger Typ, vielleicht drei, vier Jahre älter als wir, bot uns an uns bis kurz vor Christchurch mitzunehmen. Angenommen!- und weiter geht's. Der Engländer ist Student und arbeitet für ein Jahr in Neuseeland auf einer Kuhfarm. Kurz vor der Ankunft entschloss er sich ebenfalls in Christchurch zu bleiben und brachte uns somit direkt in die Stadt hinein.

Ja, Laura und ich waren richtig glücklich und auch ein bisschen stolz so problemlos unser Ziel erreicht zu haben. Eine kurze Stärkung und weiter ging's auf die Suche nach dem Outdoorstore. Zehn Minuten nach vier haben wir ihn erreicht und .. er war geschlossen! Seit 10 Minuten! Doch das Glück war auf unserer Seite und eine Verkäuferin hat uns noch rein gelassen und die Tür hinter uns verschlossen. Super entspannt und der Verkäufer mit Feierabend-Bierchen haben wir mir den perfekten Rucksack gesucht.

Danach wurden wir von einer Kiwi-Freundin von Laura abgeholt und haben mit ihr und zwei weiteren Freundinnen bis spät in die Nacht gefeiert.

Am nächsten Morgen ging's wieder zurück nach Blenheim. Wir standen an der nächst größeren Straße, die allerdings noch nicht außerhalb der Stadt war. Ein freundlicher Mann im flotten Sportwagen hat uns vor die Stadt gebracht, wo die Chancen auf einer Mitfahrgelegenheit deutlich höher sind. Nach 10 Minuten Daumen-raus hielt der nächste, der uns bis in den nächsten Ort mitnahm, da die Chancen dort höher sind als in einer großen Stadt. Und so war es auch. Nach gerade mal 5 Minuten hielt ein kleiner, gelber Mietwagen neben uns. Zwei Studenten aus Dunedin, die zufällig nach Blenheim fahren. Perfekt! Die Rückfahrt war dementsprechend entspannt. Wir sind auf dem Weg durch Kaikoura geschlendert und haben uns die Robben an der Küste angeschaut.

Sicher und gut unterhalten sind Laura und ich um vier Uhr in Blenheim angekommen. Stolz, glücklich und dementsprechend gut gelaunt.

Als Fazit sagen wir beide: Eine Erfahrung ist das Trampen wert. Doch immer darauf zurückgreifen werden wir nicht. Wir bevorzugen beide das Gefühl, selber dafür zuständig zu sein von A nach B zu kommen und nicht auf jemanden hoffen zu müssen, der uns mitnimmt. Vorteile bringt es durchaus mit sich. Wir haben nicht einen Cent bezahlen müssen und sind jedes Mal sicher gefahren worden. Man lernt neue Leute kennen und hat natürlich immer die Wahl einzusteigen oder es zu lassen. Zu zweit ist es sehr viel einfacher und auch sicherer, weil man weiß ja nie. Für Laura und mich war es eine gute Erfahrung, wir mussten uns selber überwinden und haben unser Ziel super erreicht.

Für uns beide war es ein sehr gutes Wochenende, mit neuen Erfahrungen und für mich einem neuen Reisebegleiter.

## Ostereier zur Weihnachtszeit

*10. Dezember 2013*

Ja, die Suche nach dem richtigen Job war lang. Genaugenommen hat sie sich bei mir durch vier verschiedene Jobs gezogen und nach einigen Wochen des vor-sich-hin-arbeitens haben wir nun einen festen Job. Solly Lollys, eine Süßigkeitenfabrik hier in Blenheim, braucht viele Aushilfsarbeiter bis mindestens Weihnachten, um die Ostereier für das kommende Jahr vorzubereiten. Wir, das sind um die 15 Leute aus unserem Hostel, die nun fünf Tage die Woche täglich mindestens zehn Stunden Ostereier zusammenkleben, ein- und aussortieren, ein- und verpacken. Nebenbei verpacken wir noch andere „Leckereien" wie Weingummis und viiiele verschiedene Variationen von Marshmellows.

Die Fabrik exportiert momentan lediglich nach Australien, was für uns Europäer durchaus verständlich ist. Mit Schokolade überzogene Marshmellows in sehr vielen erdenklichen Geschmacksrichtungen trifft nicht ganz die Geschmäcker unserer Münder. Doch die Neuseeländer finden das richtig lecker!

Und so produzieren wir nun vier Wochen am Stück Millionen von Marshmellow-Ostereiern, während draußen bei sommerlichen Temperaturen die Sonne scheint. Ein Glück das die Fabrik eine prächtige Glasfront hat und wir sowohl Fenster, wie auch Türen stets offen halten.

Unsere Kollegen, die einen so großen Arbeiteransturm nicht gewohnt zu sein scheinen, sind super nett und stets hilfsbereit. Und dadurch, dass wir eine so große Gruppe sind und uns alle schon kennen, macht das Arbeiten sogar Spaß!

Bis Weihnachten werden wir so unsere Reisekonten füllen. Denn danach geht für fast alle von uns die Reise weiter!

## Oh du fröhliche Weihnachtszeit

*28. Dezember 2013*

Weihnachtszeit ist ein Fest der Freude, das wir bisher immer mit unserer Familie gefeiert haben. Doch wenn man ein Jahr im Ausland ist, kommt eine Weihnachtszeit auf einen zu, die man mal nicht zu Hause ist.

Für jeden von uns stand gleich fest, dass wir gemeinsam feiern werden, gemeinsam kochen und entspannte, fröhliche Weihnachtstage verbringen werden.

Einige Tage vor Heilig Abend haben wir einen kleinen, feinen Tannenbaum bekommen und das gesamte Hostel, von Toilette bis zum Shed, wurde mit Weihnachtsdekoration geschmückt.

Den Heilig Abend haben wir ganz entspannt verbracht. Das Wetter hat leider nicht so mitgespielt, sodass wir nicht zum Strand fahren konnten. Nach ein paar Erledigungen in der Stadt hat eine Engländerin aus dem Hostel angefangen das Weihnachtsmahl zu kochen. Für Alle! Ein englisches Gericht mit Fleisch, Gravy, Möhren-Kartoffelpürree, überbackenem Blumenkohl und weiteren Leckereien. Das haben wir alle zusammen geschlemmt und es war wunderbar!

Dann folgte die Bescherung, wichteln. Obwohl ich wirklich kein Fan davon bin kamen bei einem Limit von $10 doch sehr lustige und auch teilweise nützliche Dinge raus. Den für die Neuseeländer eigentlichen Weihnachtsmorgen haben wir überwiegend mit Packen verbracht. Als letzte große gemeinsame Aktion haben wir mit dem ganzen Hostel gegrillt. Das war sehr schön, besonders da beinahe alle am folgenden Tag abgefahren sind. Nach zwei Monaten voller

Arbeit und Vergnügen hat sich an einem Tag knapp das ganze Hostel schlagartig geleert. Der Großteil von uns fährt nach Dunedin, der Studentenstadt Neuseelands. Dort werden wir gemeinsam Silvester feiern und schließlich getrennte Wege gehen.

Kurz und knapp kann ich nur sagen, dass ich hier in Blenheim eine super Zeit hatte, wunderbare Menschen kennengelernt habe und die Zeit mit dem Arbeiten wie im Flug verging. Das Gefühl eines „zu Hauses“ am anderen Ende der Welt hat mir ein derart sicheres Gefühl gegeben, auf das ich von nun an verzichten muss. Ich bin gespannt und aufgeregt was auf mich zukommen wird und sehe neuen Dingen offen entgegen!

## Frohes neues Jahr!

*2. Januar 2014*

Wie jedes Jahr steht schon kurz nach Weihnachten das neue Jahr vor der Tür. Natürlich wollten wir das alte 2013 und neue 2014 gebührend feiern.

Nach einem etwas traurigen Abschied von unserer Leeways Familie in Blenheim, hat sich ein Großteil von uns auf den Weg nach Dunedin gemacht. Ich war dieses Mal mit 4 Mädels unterwegs.

Am 26. ging es los in Richtung Christchurch. Dort haben wir gleich erstmal die ersten Freunde aus Blenheim wieder getroffen. Am nächsten Tag fuhren wir weiter zum Lake Tekapo. Ein wunderschöner, unnatürlich blauer Gletschersee, an dem wir wild gecampt haben. Man stelle sich diesen wunderschönen See vor, einen kleinen Sandstrand mit wunderbarem Blick auf den Sonnengang und dazu eine sanitäre Anlage mit fließend Wasser! Wir haben uns einen gut versteckten Platz zwischen Büschen direkt am Wasser gesucht und unser Zelt aufgeschlagen. Es war eine gruselige Nacht auf hartem Sandboden – aber eine Erfahrung wert!

Am nächsten Tag haben wir uns mit unseren Leeways-Freunden in Oamaru getroffen und dort zwei sehr zufriedenstellende Sightseeingtage im 'Victorian Oamaru' verbracht. Oamaru sollte einst die Hauptstadt Neuseelands werden und wurde dafür im viktorianischen Stil aufgemacht. Zu dieser Zeit hatte es die Größe von Las Vegas. Doch schließlich wurde Wellington die Hauptstadt und seit dem wurde aus Oamaru eine süße, meiner Meinung nach sehr schöne Stadt, die durch ihren ganz besonderen Charme mit vielen kleinen Geschäften besonders Kunstliebhaber fasziniert.

Schließlich haben wir unsere Zielstadt am 30.12. erreicht. Ein großes Leeways-Wiedersehen!! Wiedervereint und glücklich haben wir zusammen Silvester gefeiert. Mit einem großartigen Feuerwerk, tollen Freunden und verfrühtem Abschiedsschmerz. Schon direkt um 12 Uhr hat mir der völlig überraschende Anruf meiner Mama die Freudentränen in die Augen getrieben und das Jahr schon mal zuckersüß starten lassen. Dann noch ein Telefonat mit meinen anderen Lieben am Neujahrstag und schon stand fest, dass mein Jahr kaum besser starten kann.

Das Jahr 2013 hat mir besonders zum Ende so viel Freude bereitet, dass ich voller positiver Energie für das neue Jahr geladen bin. So wie es ist darf es gerne weitergehen!!

## transfercar.co.nz

*17. Januar 2014*

Es gibt einige Reisemöglichkeiten als Backpacker (also Rucksacktourist) hier in Neuseeland. Von Fahrrad bis Bus, Flugzeug und natürlich dem Auto. Dieses ist das mit verbreitetste Reisemittel. Verständlich, denn mit nichts anderem kommt man so einfach in alle Ecken des Landes, wann und wie lange man will.

Auch hiermit gibt es verschiedene Möglichkeiten. Man kann sich ein Auto kaufen, leihen oder man organisiert sich eins über transfercar.co.nz.

Das ist eine Internetseite auf der sich Autovermieter anmelden, um Fahrer zu finden die ihre Autos von A nach B bringen, da sie dort gebraucht werden. Für jeden Backpacker, Student etc. besteht die Möglichkeit ein Auto aus der Auflistung auszuwählen, sich darauf zu bewerben und mit etwas Glück bekommt man einen Mietwagen frei für die vorgegebene Strecke. Gebunden an Vorgaben wie dem übernehmen der Spritkosten, einer bestimmten Anzahl an freien Tagen und natürlich dem vorgegebenen Abholungs- und Abgabeort und der Zeit, ist diese Art des Reisens sowohl für die Autovermieter wie auch für die "Fahrer" ein Vorteil.

Obwohl es nicht zu deutlich auf der Website vermerkt ist, gibt es die Mietwagen überwiegend erst ab einem Alter von 21 Jahren.

Um eine günstige Möglichkeit zu finden, um mit drei Leuten, Reiserucksäcken und Surfboard von Dunedin nach Queenstown zu kommen, habe ich mich problemlos angemeldet, ein Auto rausgesucht und es prompt zugesagt bekommen. Am Tag der Reise nach Queenstown wurde ich im 7 Uhr morgens zum Flughafen gebracht und habe dort trotz kleiner Probleme aufgrund meines Alters und nur dank der sehr netten Dame dort das Auto bekommen. Mit Leichtigkeit haben wir alle unsere Sachen und uns selbst im Wagen untergebracht und los ging's in Richtung Queenstown. Allein für die Freude die ich beim Fahren hatte und die Gemütlichkeit und Selbstständigkeit mit der wir reisen konnten, hat sich das schon gelohnt. In Queenstown angekommen, haben wir erst unser Hostel angefahren, den Wagen wieder aufgetankt und ganz einfach wieder abgegeben.

Fazit ist ganz klar das es sich gelohnt hat. Man sollte zwar immer darauf achten, was das Auto für versteckte Kosten haben könnte und das man mindestens 21

Jahre alt ist, doch für uns drei war es im Endeffekt günstiger als per Bus. Dafür hatten wir die Möglichkeit das Auto so zu nutzen wie wir es brauchten und wir konnten uns den ganzen Tag Zeit lassen für den Weg. Ich kann es nur weiterempfehlen!

## Roadtrip durch den Süden

*25. Januar 2014*

Vom 09. bis zum 18.01. habe ich mit zwei Freunden aus der Blenheim-Familie das wunderschöne Fiordland der Südinsel erkundet. Begonnen hat unsere Reise in Queenstown, nicht ganz Fiordland, aber viele Freunde aus Blenheim.

Nach ein paar schönen Tagen dort, war unser erstes Ziel Milford, wo wir erst im Laufe des Tages ankamen und dadurch der Abend lediglich aus kochen, Zelt aufbauen und für die Jungs ein Bad im See bestand. Es war ein schöner Abend, was hauptsächlich auf dem Campingplatz begründet war. Dieser liegt nämlich genau an einem malerischen See, Lake Gunn, eingerahmt von grün-bewachsenen Bergen. Wenn die Sonne untergeht, wird alles in ein abendliches, warmes Licht getaucht und die Wälder spiegeln sich im Wasser. Da können auch die Scharen an Sandflies die Stimmung nicht ruinieren.

Die folgenden zwei Tage haben wir die Landschaft und die unberührte Natur des Milford Sound genossen. Mein persönliches Highlight war das Gertrude Valley. Eine Wanderung, die nur zugelassen ist für trainierte und erfahrene Wanderer. Klar haben wir sie gemacht! Schon nach den ersten 50 Metern wurde uns bewusst, dass das Schild kein Scherz war. Der „Weg“ bestand nur aus Geröll und zwar keine kleinen Steinchen, sondern ganze Brocken mit denen ich als kleiner Mensch so meine Mühen hatte. Gesteigert hat sich dieser Trampelpfad dann in das Erklimmen eines Berges. Ohne jegliche Sicherung oder vorgegebenen Weg, haben wir uns bis nach oben gekämpft. Oben ist in dem Fall ein Bereich zwischen zwei Berggipfeln mit einer einzigartigen Aussicht. Besonders bei gutem Wetter ist dieser Anstieg lohnenswert!

An diesem Tag sind wir auch zurück in die Stadt gefahren, diesmal Te Anau. Kurz geduscht und Vorräte aufgefüllt, ging es weiter südlich für eine letzte Nacht im Fiordland.

Gleich am folgenden Tag sind wir nach Invercargill und Bluff gefahren. Bluff ist die südlichste Stadt Neuseelands und Invercargill vermutlich die größte, südlichste Stadt. Unverständlicherweise haben mir viele vorher gesagt Invercargill würde sich nicht lohnen, da dort „nichts wäre". Doch ich weiß nicht worauf diese Meinung beruht. Invercargill ist sogar eine recht große Stadt, hat eine bunte Vielfalt an Geschäften und eine ansprechende I-site mit integrierter Galerie. Auch Bluff ist schön, obwohl dort wirklich beinahe nichts ist. Doch Stewart Island konnten wir immerhin sehen!

Besonders zu erwähnen ist hierbei unsere Unterkunft für die Nacht. Klar, fünf Nächte haben wir in Zelt und Auto verbracht, aber dort war es was Besonderes! Mein persönliches Paradies im Süden. Ein Ehepaar hat aus einer alten Kohlemiene einen riesigen, bunten Garten mit einem sehr großen Teich in der Mitte erschaffen. Darauf schwammen gut 30 Enten und ein Schwanenpaar mit Nachwuchs. Im Garten wuchs eine Vielfalt von Pflanzen, die der Herr alle einzelnd kennt. Dazu kommt ein Gewächshaus (in dem unser Zelt stand), ein Garten für Camper, ein Museum mit vielen, uralten und stets funktionierenden Maschinen und ein eigenes Cafe. Wir haben am Abend eine eigene Führung durch das Museum bekommen, durften uns frei durch den kleinen Park bewegen und haben den Besitzer am Morgen bei Rundgang durch den Garten begleitet, bei dem wir auch die Enten gefüttert haben. Es war einfach herrlich und ein richtig schöner Abend.

Am nächsten Tag haben wir die Catlins durchgezogen. Ich denke viel länger als einen Tag braucht man nicht um die schönsten Plätze dort zu sehen. Von der berühmten Fossilienbucht, Curio Bay, über den Slope Point, dem südlichsten Punkt der Südinsel bis hin zum Nugget Point. Es war ein wundervoller Tag, da man in den Catlins eine ganze Reihe von wirklich schönen Plätzen und unberührter Natur finden kann und es dazu kein zu touristisches Ziel ist.

Am folgenden Tag haben wir uns in Dunedin wieder getrennt, da einer meiner Reisepartner wieder arbeiten musste und der andere noch nicht so viel auf der Südinsel gesehen hat wie ich.

So geht es für mich erstmal alleine weiter. Mit dem Bus bin ich in zehn Stunden von Dunedin nach Blenheim gefahren, wo ich mir das Auto eines Freundes ausleihen durfte.

Mittlerweile bin ich in Motueka, am Abel Tasman, um diesen beeindruckenden Nationalpark zu erkunden. Ich habe hier auch drei Mädels aus Blenheim wieder getroffen und wir zusammen planen zum einen eine Kanutour zu machen. Dazu werde ich wohl den ein oder anderen Walk hier unternehmen, worauf es für mich weitergeht in Richtung Westport. Doch erstmal bin ich sehr gespannt auf die wunderschönen Strände in dieser sagenumwobenen Landschaft.

## Mein Roadtrip

*3. Februar 2014*

In der letzten Woche habe ich mich mit dem Auto eines Freundes wieder auf den Weg gemacht. Diesmal allein und mit dem großen Ziel den Arthur's Pass erneut zu fahren.

Der Arthur's Pass ist die höchste befahrbare Straße Neuseelands und dazu wunderschön. Für mich einfach typisch Neuseeland: eine traumhafte Natur; weitläufig, scheinbar unberührt und jedes Mal wieder top fotogen.

Doch kommen wir erst zu den Tagen davor. Gedacht hatte ich mir einen kleinen Roadtrip über eine Woche. Begonnen im Abel Tasman, die Westküste runter, über den Arthur's Pass nach Christchurch und dann wieder hoch nach Blenheim.

Mein erster Stopp war in Motueka, was genau am Abel Tasman Nationalpark liegt. Mit drei Mädels aus Blenheim habe ich zusammen die Tage verbracht. Zum einen haben wir einen sieben stündigen Walk über den Gills Hill gemacht. Dieser liegt genau am unteren Ende der Golden Bay und man hat wunderschöne Aussichten über die goldene Bucht. Mein Highlight war eindeutig ein Strand wie aus dem Bilderbuch. Wunderschöner, goldener Sand, klares, türkisblaues Wasser und genau daneben grenzt der tiefe, grüne Wald – ein Traum! Der nächste Tag hat diese Wanderung doch noch übertroffen. Wir haben uns für einen Tag Kayaks gemietet und auf eigene Faust die Golden Bay erpaddelt. Gestrandet sind wir nach gut zwei Stunden an einer einfach perfekten kleinen Bucht. Feiner, goldener Sand (daher der Name der Bucht), traumhaft blaues Wasser und hinter uns eine wilde, scheinbar unbegehbare Insel. Diese Bucht hat uns nicht mehr losgelassen und so haben wir dort ein paar wundervoll entspannte Stunden in der Sonne und natürlich auch im Wasser verbracht.

Nach den gelungenen Tagen im Norden der Südinsel, habe ich mich auf den Weg zur Westküste gemacht. Diesen Tag verbrachte ich beinahe nur im Auto. Acht Stunden bin ich die Küste herunter gekurvt, und musste immer mal wieder anhalten da die Plätze einfach zu schön waren. Besonders beeindruckend fand ich die Pancake-rocks. Diese Steine sind durch natürliche Bedingungen so verformt worden, dass sie aussehen wie Stapel von Pancakes.

Am nächsten Tag habe ich dann mein eigentliches Ziel des Trips erreicht. Den Arthur's Pass. Es war genau wie ich es mir erträumt hatte. Das Wetter war traumhaft, die Straßen noch fast leer und meine Laune auf dem Höhepunkt. Jetzt musste ich nur noch alles unter einen Hut bekommen: Auto fahren, die Landschaft bewundern und Fotos machen (aber keine Sorge, es ist nichts passiert und ich habe auch immer wieder angehalten, da ich die Natur richtig festhalten musste). Insgesamt habe ich bis nach Christchurch vier Stunden gebraucht, doch es kam mir vor wie nur eine.

Dort habe ich erneut eine Freundin aus Blenheim getroffen und mit ihr einen richtig schönen, entspannten Abend verbracht.

Am nächsten Tag ging's für mich wieder hoch nach Blenheim. Doch die übliche Strecke über die Küste habe ich mittlerweile schon zu oft gesehen. Und so habe ich mich entschieden, eine alte Schotterstraße durch die Mitte zu nehmen. Diese ist auf den meisten Karten nicht eingezeichnet und stellt somit natürlich einen gewissen Reiz dar. Erst ging es nach Hanmer Springs und von dort aus auf die Schotterpiste. Die ersten zehn Minuten hatte ich noch so meine Bedenken an der Entscheidung, doch irgendwann kam der Spaß. Gut zweieinhalb Stunden habe ich bis zum ersten D.O.C.-Campingplatz gebraucht und weitere eineinhalb zu meinem eigentlichen Übernachtungsplatz. Natürlich in freier Natur. Wie auch der gesamte Rest der Strecke hoch am nächsten Tag. Dieser hatte mich noch einmal gut drei Stunden gekostet.

Doch der ganze Staub auf dem Auto, der Sprit und die lange Fahrzeit waren es echt wert! Der Weg ist nur zu empfehlen. Man begegnet beinahe niemandem, fährt stundenlang durch schönste Natur und ich konnte diese ruhigen Momente noch einmal so richtig genießen.

Der Roadtrip hat sich für mich persönlich absolut gelohnt. Ich habe es sehr genossen, einmal nur nach meiner Nase zu fahren, zu halten wo es mir gefällt und zu erkunden was ich sehen möchte. Es war genau so wie ich es mir vorgestellt hatte und durch das durchgehende Sonnenwetter sogar noch ein kleines Stück besser.

Nun bin ich wieder in Blenheim, wieder im Leeways Backpackers und arbeite wieder in der Schokoladenfabrik. Doch das soll nur für eine Woche sein, da ich danach mit einem Freund und unserem „neuen" Auto auf die Nordinsel reise.

## Halbzeit, ein Resümee

*25. Februar 2014*

Schon sechs Monate sind rum! Sechs Monate in denen ich nicht zu Hause war, unzählige neue Erfahrungen gemacht und Eindrücke gewonnen habe und viele neue, tolle Menschen kennengelernt habe.

Am 24. August 2013 bin ich in Deutschland ins Flugzeug gestiegen. Ohne große Erwartungen habe ich einfach alles auf mich zukommen lassen.

Meine richtige Reise, in der ich anfing genau das zu leben was ich mir unter „Work&Travel in Neuseeland" vorstelle, begann erst Mitte Oktober, als ich ganz spontan mit einer Gruppe von Studenten zehn Tage durch die Südinsel gereist bin. Dort habe ich die Lust auf Neuseeland erst voll in mir entdeckt, die Lust auf Neues, auf Erfahrungen, auf Abenteuer.

Die folgenden zwei Monate in Blenheim haben mich dafür dann erst richtig aufgebaut.

Leeways Backpackers wurde für uns wie ein zweites zu Hause, wir haben zusammen gelacht, gearbeitet, gelebt. Jeder von uns plante länger zu bleiben, Geld zu verdienen und gemeinsam haben wir eine tolle Hostelgemeinschaft aufgebaut.

Arbeitserfahrungen kamen natürlich auch dazu. Von Muscheln verpacken, Knoblauch ausgraben, auf Vineyards schuften bis zu Ostereier in der Weihnachtszeit verpacken. Die Vielfalt an Jobs ist einfach riesig.

Am zweiten Weihnachtstag haben beinahe alle Backpacker das Hostel verlassen.

Nach anschließenden fünf Wochen Roadtrip, vom südlichsten bis zum nördlichsten Ende der Südinsel, bin ich wieder in Blenheim im Leeways gelandet, um ein bisschen zu arbeiten und ein paar Wochen mit guten Freunden zu verbringen. Hat man einmal solch ein zu-Hause-Hostel gefunden, lässt einen das kaum mehr los.

Nach einem halben Jahr auf der Südinsel soll jetzt die Nordinsel folgen. Ganze sechs Monate werde ich dafür wohl nicht brauchen. Mit ausführlichem Reisen und Arbeiten werde ich etwa auf drei Monate kommen.

Ich habe dafür die Neugierde bekommen, andere Orte dieser Welt zu erkunden. Immerhin steht mir noch ein halbes Jahr bevor, in dem ich ganz frei und ohne Zeitdruck nach meinen Vorstellung reisen kann. Wohin es mich treiben wird, werde ich dann erst spontan sehen.

Durch dieses halbe Jahr auf der Südinsel habe ich viele neue Eindrücke gewonnen und Neuseeland und die Kiwis, deren Lebensweise und Einstellung kennengelernt. Die Kiwis haben eine sehr entspannte Lebensweise. Stress gibt es hier nicht, weder im eigenen zu Hause, noch bei der Arbeit. Klappt etwas heute nicht, wird es morgen dann schon wieder funktionieren. Regnet es, dann wird heute nicht auf dem Feld gearbeitet und geht in einer Schokoladenfabrik der Zucker für die Schokolade aus, dann endet der Arbeitstag auch einfach um 12 Uhr. Es ist eine ganz andere Einstellung, als die die ich in Deutschland kennengelernt habe. Man muss sich bewusst darauf einlassen und einsehen, dass die Neuseeländer die Dinge einfach anders angehen.

Aber nicht nur die Kiwi-Arbeitswelt ist anders als ich es gedacht hätte. Auch über die Nationalitäten der anderen Backpacker habe ich vorher nichts gelesen oder gehört. Denn anders als erwartet, und ehrlich auch anders als erhofft, ist der Großteil der Backpacker aus Deutschland. Dicht gefolgt von Asiaten und Franzosen. Das Leben und Reisen mit den Landesgenossen ist sehr entspannt, doch ich freue mich umso mehr über jeden neuen internationalen Kontakt.

In diesen sechs Monaten habe ich mich auch selber weiter entwickelt. Zumindest soweit wie ich das beurteilen kann. Ich bin sehr viel offener gegenüber anderen Menschen geworden, gehe lockerer auf sie zu und scheue mich nicht sie anzusprechen. Ebenso habe ich kein Problem damit alleine zu reisen. In Neuseeland ist man nie wirklich allein und ein paar Wochen ein Teil des Landes auf eigene Faust zu erkunden, bringt einen ganz neuen Nervenkitzel.

Auf Privatsphäre muss man als Backpacker natürlich zwangsweise verzichten, doch stören tut mich das nicht. Man lernt hingegen die Menschen um einen herum ganz anders kennen, als man sie beispielsweise zu Hause kennengelernt hätte.

Auch das Planen von Dingen wird mit der Zeit überflüssig. Es kommt eh nie so wie man es sich vorgestellt hatte.

Natürlich lernt man viele, viele Menschen kennen. Mit manchen reist man ein Stück, mit anderen hält man noch über Monate Kontakt. Alles ist hier entspannter. Kann man mit jemandem nicht so gut reisen, dann trennt man sich eben und reist alleine weiter.

Ich kann nicht verleugnen, dass ich mein zu Hause vermisse. Meine Familie ganz besonders. Doch auch Selbstverständlichkeiten wie Privatsphäre, frische Wäsche und ein eigenes Bett bekommen eine ganz neue Bedeutung.

Fertig bin ich mit meiner Reise noch nicht. Sechs Monate habe ich noch vor mir, die ich auch auskosten werde. Sechs Monate voller weiterer neuer Erfahrungen und Herausforderungen liegen vor mir, auf die ich mich jetzt schon freue. Sechs Monate, in denen es weiter heißt, Entscheidungen richtig zu treffen, zu arbeiten, zu reisen und auch an die Zeit nach Neuseeland zu denken.

Den Moment wenn ich in das Flugzeug steige und meine Reise nach Hause losgeht, kann ich kaum erwarten. Der Moment der Ankunft ist wie Weihnachten, Geburtstag, Silvester und Ostern zusammen, schon jetzt für mich von unglaublich großer Bedeutung.

Beim Gedanken daran, bekomme ich schon jetzt Bauchkribbeln und genau dafür lohnt es sich zu reisen.

Für den Moment nach Hause zu kommen!

## Und gerade ein Job hält mich in Blenheim

20. März 2014

Seit über einen Monat bin ich nun wieder in dem kleinen Arbeits-Blenheim, geblieben aufgrund der Vielzahl an Jobs. Ein paar Wochen hin- und herprobieren, vom Zwiebel- auf Knoblauchfeld, von der Schokoladenfabrik bis auf das Kürbisfeld. Doch ein richtiger Arbeitsrhythmus kam nicht zustande. Also hab ich den Entschluss gefasst, Blenheim etwa zwei Wochen vor dem April zu verlassen und PAM! Da kommt der beste Job den ich bisher hatte und zwar völlig unerwartet!

Ich hatte mich ohne große Erwartungen in die Liste für das Harvest auf den Vineyards eingetragen und auch angefangen zu arbeiten. Schon am ersten Tag wurde klar: das Job ist wetterabhängig und Vineyardbesitzer-abhängig, doch es macht so unglaublich viel Spaß, dass ich seit Tagen rundum energiegeladen bin.

Die Harvest sieht so aus, dass wir als Team von unserem Contractor Tony von den Vineyardbesitzern angefordert werden und deren Trauben pflücken sollen. Natürlich nur der beste Wein wird per Hand gepflückt!

Meine Aufgabe ist dann noch mal ein bisschen cooler. Während die Picker die Trauben in Eimer werfen und in nächsten Reihen gehen, bin ich in dem Team der 'bin boys'. Wir fahren als Team von zwei Mädels und vier Jungs mit zwei Traktoren durch die Reihen. Die Jungs sammeln die Eimer ein und leeren sie in 200kg bins aus. Die Aufgabe von einer Freundin und mir besteht nun darin, Blätter und faule Traube auszusortieren und das Level von 200kg in dem bin per Augenmass perfekt zu treffen.

Dementsprechend entspannt ist unserer Job. Und ich meine wirklich entspannt.

Wir haben sehr viel Spaß bei der Arbeit, von Traubenkriege mit unserem Boss bis hin zu kleinen Traktortouren um das Vineyard.

Ich habe schließlich meinen Aufenthalt in Blenheim um zehn Tag verlängert und bereue es sehr, doch weit vor dem Ende der Harvest Blenheim zu verlassen. Doch der Bus ist gebucht, denn schließlich geht es am 31. März für mich nach Fiji, wo ich mit ein paar Freunden die Sonne genieße.

Ich kann ganz ehrlich sagen, dass dieser Job der beste ist, den ich bisher in Neuseeland hatte und das mag bei meiner Anzahl der Jobs schon was heißen!

Ich möchte gerne bis Ende April hier arbeiten, jeden Tag gut gelaunt zurück kommen und sich auf den nächsten Arbeitstag freuen. Genau so sollte ein Job nämlich sein und genau deshalb genieße ich ihn in vollen Zügen!

## Fiji – ein Traum!

12. April 2014

Und dieser Traum ist wahr geworden!

Für die letzten zwölf Tage war ich mit einer Freundin auf der schönsten Inselgruppe im Süd-Pazifik unterwegs.

Begonnen hat unsere Reise in Nadi. Wir stiegen hoch ein mit einem gemütlichen Zimmer in dem vier-Sterne Hotel ‚Raffles Gateway'. Dort haben wir vier Freunden wieder getroffen, die schon eine Woche vor uns durch Fiji gereist sind. Zusammen haben wir zwei Geburtstage gefeiert und Nadi erkundet. Das stellte sich auch als recht spannend und neu heraus. Der öffentliche Bus hielt direkt vor unserem Hotel und ist ganz anders als wir ihn aus Deutschland kennen. Es gibt generell keine Fenster (alles ist offen), die Sitzbänke sind aus Leder und drei Leute haben Platz und der Bus ist mindestens 100 Jahre alt. Dementsprechend laut ist er dann auch, aber auch günstig – einen Fiji-Dollar kostet die Fahrt.

Die Stadt an sich war eine ganz neue Erfahrung. Wir haben sehr wenige Touristen gesehen und wurden selber oft angestarrt. Das so zu erleben war uns neu. Die Fijianer traten uns jedoch von Anfang an mit einer selbstverständlichen Offenheit und Freundlichkeit entgegen, sodass nie ein unwillkommenes Gefühl aufkommen konnte.

Nach zwei Tagen in Nadi, ging es für Charli und mich weiter in das Beachhouse. Das ist eine sehr bekannte und beliebte Unterkunft in Fiji. Das kann ich auch gut verstehen, denn es war einfach top! Das Hotel ist genau so, wie man sich eine Ferienanlage für Familien und auch Backpacker auf Fiji vorstellt. Wild bewachsen von Palmen und umgeben von Jungle, alles liebevoll mit Holz gestaltet und direkt an einem Traumstrand gelegen. In den Palmen sind zahlreiche Hängematten aufgehängt und eine Schaukel wie aus dem

Reisekatalog hängt über dem Wasser. Das Wetter war bis auf ein oder zwei Tage mit Sonne durchflutet und wir konnten für sechs Tage einfach voll entspannen.

Am achten Tag in Fiji haben wir schweren Herzens das Beachhouse verlassen und sind zurück nach Nadi gefahren. Geplant waren ein paar Tagesausflüge auf die kleineren Inseln. An einem Tag sind wir in die „Nobelstadt" von Nadi gefahren, Denarau. Es wirkte auf uns wie ein künstlicher Park aus Luxusvillen, Hotels und Yachten, natürlich direkt am Wasser gelegen. Das Shoppingcenter im Hafen hat uns dann doch gut für den ganzen Tag unterhalten.

Am letzten Tag haben wir etwas Besonderes geplant. Nach guter Beratung haben wir uns in einen Bootstrip eingebucht, der uns auf die Insel aus Tom Hanks Film „Cast away" gebracht hat. Mit einem Segelboot sind wir mit etwa 20 anderen Miturlaubern durch die Inseln geschippert, wobei wir den ersten Höhepunkt des Tages gleich am Anfang ganz ungeplant entdeckt haben: eine beeindruckend große Schildkröte schwamm an der Wasseroberfläche um die Sonne zu genießen, direkt neben dem Boot. Unsere Überraschungs- und Freudenschreie waren dann leider so laut, dass sie gleich wieder abgetaucht ist.

Bei der Insel Monuriki angekommen, durften wir endlich ins kristallklare Wasser springen und für eine Stunde die Insel und die umliegende Unterwasserwelt erkunden. Das war vielleicht ein Vergnügen! Ich konnte auf der Insel die Plätze aus dem Film genau wiedererkennen und auch Unterwasser hatte ich meinen Spaß. Nach dem leckeren Lunch auf dem Boot fuhren wir weiter auf eine andere Insel, Yanuya, um in einem sehr typischen und fast unberührten Dorf eine Kava-Zeremonie mitzuerleben. Kava ist das traditionelle Getränk der Fijianer, welches sie in großen Gruppen gemeinsam zelebrieren. Das „Getränk" gilt dabei als eine legale Droge. Es betäubt die Zunge und den Rachen und nach vielen Schälchen schläft man wie ein Bär im Winterschlaf. Schmecken tut es für uns Touristen eher wie Schlammwasser und die leichte

Betäubung tritt sofort ein. Interessant war diese Erfahrung allemal, denn die Fijianer legen viel Wert auf ihr Zeremonialgetränk.

Nach diesen wunderbaren Ereignissen tuckerten wir gemütlich zurück in den Hafen und kamen gut gelaunt, gebräunt und zufrieden wieder im Hotel an.

Wir beide haben die Tage in dem traumhaften Fiji voll genossen und es fällt uns tatsächlich schwer, schon wieder nach Neuseeland zu fliegen. Sonne, Sommer, Strand und Meer taten vor dem neuseeländischen Winter noch einmal so richtig gut!

Fiji ist traumhaft schön! Genau so wie ich es mir immer vorgestellt habe und wie man es auf den Reisekatalogen sieht. Es ist auf jeden Fall eine Reise wert und selbst für Backpacker preislich zu ermöglichen, wenn man es richtig anstellt. So eine Erfahrung behält man fürs Leben!

Morgen geht es für uns zurück nach Neuseeland und dort habe ich noch weitere viereinhalb Monate bevor es für mich ins traute Heim zurück geht.

## Auckland – die Stadt der vielen Gesichter

*28. April 2014*

Viele Backpacker mögen Auckland nicht. Gut 80% kommen hier an, verbringen die ersten Nächte in dem riesigen, unpersönlichen Base-Hostel und kriegen einen schlechten Eindruck einer Stadt voller Hochhäuser, Touristen und neuen Einflüssen. Verübeln kann ich ihnen diesen ersten Eindruck nicht. Wenn man nach einem 30 Stunden dauernden Flug in einem völlig fremden Land ankommt, unterstützt ein unpersönliches Umfeld nicht gerade das Wohlbefinden. Wie in allen Großstädten Neuseelands (oder sogar der Welt) leben die Menschen hier aneinander vorbei. Alle scheinen im Stress zu sein, man wird nicht gegrüßt oder generell beachtet. Die Verkäufer lassen sich auf den Käufer wenig ein und

Smalltalks werden zur Seltenheit. Die Stadt ist geprägt von Einflüssen aller Art, asiatisch, europäisch, maorisch und prinzipiell für Touristen ausgelegt. Als neuer Backpacker in einer Stadt wie dieser, ist es selbstverständlich schwer die ersten Schritte zu fassen.

Mein erster Eindruck war anders. Ich persönlich mag Auckland, stehe genauer genommen neutral zu der größten Stadt Neuseelands. Ich bin in Christchurch gelandet und habe meine Reise auf der Südinsel, bevorzugt in kleinen Städten begonnen. Dort wird man angesehen, gegrüßt und interessiert beraten. Das Gespräch dreht sich meist um das Reisen und persönlichen Eindrücken und weniger um das Geschäftliche.

Als ich nach Auckland kam, war ich zu allererst beeindruckt von der Größe. Der Flughafen kann sich als internationaler Anreisepunkt sehen lassen. Die Fahrt zu meinem Hostel hat eine geschlagenen halbe Stunde gedauert und da waren wir nicht einmal in der Innenstadt angekommen. Das Hostel, die City Garden Lodge, ist eines der gemütlichsten in Auckland, dazu noch in einem der schönsten Stadtteile gelegen. Das Haus ist eine große Villa, alles ist gemütlich eingerichtet und die Gäste sind eine internationale Mischung aus Familien, Ehepaaren und Backpackern. Der Stadtteil heißt Parnell und besteht zu einem großen Teil aus großen Villen und luxuriösen Anwesen.

Es dauert nicht lang und man ist sowohl in Newmarket (einem anliegenden Stadtteil mit einer kleinen Einkaufsstraße), dem Hafen und auch der Innenstadt. So gesehen ist das Hostel perfekt gelegen und preislich absolut im Rahmen (Dorm $22 d. Nacht). Durch diese Wahl des Hostels war mein erster Eindruck der Stadt verständlicher Weise sehr positiv.

Beim ersten Gang in die Stadt hat sich dieser Eindruck ein bisschen erweitert. Den ganzen Weg über schaut man auf die Hochhäuser der Stadt, die so nur selten in Neuseeland vorzufinden sind.

Die Haupteinkaufsstraße ist die Queen Street. Sie reicht von dem Hafen bis weit in die Stadt hinein und beinhaltet Geschäfte aller Art. Von den Gebäuden her finde ich die Innenstadt ansprechend. Die Hochhäuser sind gut gestaltet, scheinen alle einen anderen Stil zu verfolgen. Die Queen Street ist die meiste Zeit ziemlich voll. Massen von Menschen schlängeln sind auf den Bürgersteigen aneinander vorbei. Auffällig dabei ist die große Anzahl von Asiaten. Speziell Auckland ist für die asiatischen Mitmenschen eine beliebte Stadt zum Reisen, Arbeiten und Wohnen. Viele der Geschäfte haben einen asiatischen Touch, wobei die neuseeländische Kultur etwas untergeht.

Ich persönlich stehe offen zu Auckland. Es hat den typischen Eindruck einer Großstadt, von einem großen internationalen Einfluss in der Innenstadt bis hin zu den kleinen charmanten Stadtteilen, die man erstmal erkennen muss. Doch mit Neuseeland an sich hat die Stadt nicht viel zu tun. Den puren neuseeländischen Eindruck vermisse ich hier täglich.

Doch ich bin gerne hier und lasse die Stadt auf mich wirken.

Als Anreisestadt hingegen kann ich sie allemal nicht empfehlen. Sie ist viel zu groß und unpersönlich um sich in den ersten Tagen einer monatelangen Reise einzufinden.

Ich würde jedem Backpacker raten, so schnell wie möglich in eine kleinere Stadt weiter zu ziehen und von dort aus alles zu organisieren und erstmal richtig anzukommen. Kennt man das Land schon besser, ist das Leben einer Großstadt wesentlich leichter zu genießen und man kann die schönen Seiten der Stadt erkennen. Denn die sollte man nicht übersehen.

## Die erste Erkundung der Nordinsel

*17 Mai 2014*

Schon einen Monat hab ich auf der Nordinsel verbracht, doch viel gesehen habe ich bisher noch nicht. Schließlich kam eine weitere Freundin an, mit der ich ausgemacht hatte, doch drei Wochen zu reisen bevor sie in den Flieger steigt. Was eine gute Gelegenheit! Da ich noch weitere drei Monate in Neuseeland habe, sind wir nach ihren Orts- und Erkundungswünschen gereist, die mir allerdings durchaus zusprachen.

Als erstes ging es für uns auf die Coromandel Peninsula, diesmal in das wunderschöne Örtchen Tairua. Die aus wenigen, aber doch imposanten Häuschen bestehende Stadt, ist direkt am Meer gelegen, mit einer großen Bucht in der Mitte. Sie liegt relativ zentral in Coromandel, auch nicht weit weg vom Hot Water Beach. Dort sind wir auch gleich am nächsten Tag hingefahren, begleitet von einem Freund den wir im Hostel kennengelernt hatten. Für mich war auch das zweite Mal ein Erfolg. Zu dritt haben wir uns neben den ganzen anderen Strandurlaubern einen Pool gebuddelt, genau an einer heißen Quelle gelegen. Es war einfach herrlich! Wellness direkt am wilden Meer, mit der strahlenden Sonne am Himmel und im angenehm warmen Wasser. Auch die anderen beiden haben es richtig genossen.

Nach diesem guten Start in unserem Roadtrip ging es für uns am nächsten Tag weiter nach Rotorua. Meine Reisekollegin Anna ist Reiterin und hatte sich schon vor dem Roadtrip bei einer Pferdefarm zum Wwoofen angemeldet. Sie wurde auch angenommen und nach einer kurzen Frage wurde auch ich akzeptiert. Meine erste Wwoofingerfahrung! Wir wurden direkt vom Busbahnhof von unserer Gastmutter Glenis abgeholt und sind eine weitere Stunde zu ihr nach Hause gefahren. Sie lebt zusammen mit ihrem Mann in einem Traum von Landhaus, mitten im Nirgendwo. Die beiden haben drei erwachsene Kinder und besitzen sechs Pferde, zwei Hunde und eine Katze. Die Pferde reitet sie überwiegend auf Hunts und zu Sprungwettbewerben. Anna und ich wurden sehr lieb aufgenommen, bekamen unser eigenes Zimmer, wurden jeden Abend bekocht und waren nie gelangweilt. Glenis ging morgens schon früh mit den Hunden raus und kam erst nach zwei Stunden wieder. Anna und ich sind ganz entspannt aufgestanden, haben gefrühstückt und schließlich die Pferde gefüttert. Danach waren unsere Aufgaben immer unterschiedlich. Da Anna die Reiterin ist, durfte sie sich überwiegend um die Pferde kümmern, sie ausreiten und putzen. Für mich blieben unterschiedliche Aufgaben wie beispielsweise den Pferdetruck putzen oder ähnliches. Doch da Anna meist schnell fertig war, haben wir die Aufgaben oft zusammen erledigt. Die großen Ereignisse in der Woche waren die beiden Hunts am Mittwoch und am Samstag. Zu Huntsaison treffen sich jede Woche viele Reiter mit ihren Pferden auf einer bestimmten Farm (diese wechselt jedes Mal). Alle sind in ihre traditionellen Outfits gekleidet und die Pferde werden noch einmal extra gestriegelt. Die eigentliche Jagd findet durch die Haunts statt, ein großes Rudel von Beageln, die auf der Jagd nach Hasen sind. Geführt durch den Huntsman folgen die Reiter den Haunts, über Weiden, Zäune, Flüsse und generell alles was im Weg steht. So eine Hunt dauert normalerweise zwischen drei und vier Stunden. Da das Jagdgebiet meist gut überschaubar war, konnten auch immer ein paar Zuschauer dabei sein. Wir haben uns die Zeit auf einem Hügel mit Crackern und Cider vertrieben.

Nach einer Woche war das Wwoofen auch schon vorbei und für beide von uns eine gute Erfahrung. Wir sind gut mit Glenis zurecht gekommen und hatten viel Spaß zusammen.

Ich kann nur sagen, dass Wwoofing eine sehr gute Sache ist. Man kommt direkt in das Leben der Kiwis hinein, lebt und arbeitet mit ihnen, wird ins Alltagsleben miteingebunden und für die Zeit komplett versorgt.

Nach Rotorua ging es für uns direkt nach Wellington. Unser Highlight dort war der Zoo. Ich hatte einen recht guten Eindruck von den Tieren und der gesamten Hermachung des Zoos. Die Tiere waren sauber, gepflegt und schienen in einem guten Zustand zu sein. Der Zoo ist sehr schön gelegen, mit Blick über Wellington. Der ganze Bereich ist kreativ gestaltet und besonders für Kinder attraktiv und mit Tierfütterungen, einer anschaulichen Tierkrankenstation und einigen lehreichen Vorführungen über Tiere, interessant aufgebaut. In Wellington haben wir dann zwei weitere Freunde von uns getroffen, mit denen wir die zwei Tage in der Hauptstadt Neuseelands verbracht haben.

Zu dritt ging es dann wieder hoch nach Taupo. Schon beim ersten Anblick hab ich mich in diese Stadt verliebt. Taupo liegt an dem traumhaften See ‚Lake Taupo', welcher einer der weltweit größten Vulkankrater ist. Im Hintergrund sieht man die schneebedeckten Vulkane des Tongariro Nationalparks, die auch aus Herr der Ringe bekannt sind.

In Taupo ist alles sehr zentral gelegen und gut zu Fuß zu erreichen. Die Innenstadt ist überschaubar und mit ansprechenden Geschäften eingerichtet.

Unsere Intention in Taupo (und mein absolutes Highlight seit den letzten Monaten) war der Skydive. Zu dritt haben wir entschlossen, uns über der wunderschönen Kulisse aus einem Flugzeug zu stürzen. Das Wetter hätte nicht besser sein können, genauso wie unsere Stimmung. Wir sind im selben Flugzeug geflogen und alle nacheinander gesprungen. Den restlichen Tag wurde nur noch gestrahlt und ich hab versucht, irgendwie das Glücksgefühl zu kompensieren. Anna und ich blieben noch einen Tag länger in Taupo. Ein ganz entspannter Tag, mit Sonne tanken am See.

Der nächste Bus hat uns nach Rotorua gebracht, der stinkensten Stadt Neuseeland. Unter dem gesamten Gebiet scheint es zu brodeln. Über all verteilt sind Löcher im Boden, in denen Schlamm kocht und ein starker Gestank freigesetzt wird. Es riecht überall stark nach Schwefel. Nachdem wir von Taupo so beeindruckt waren, wollten wir nicht viel Zeit in dem stinkenden „Nachbarort“ verbringen. Unbedingt mussten wir jedoch das Wai-O-Tapu sehen, das Thermal Wonderland. Diese Attraktion ist ein großes Gebiet, in dem die brodelnde Kraft aus dem Untergrund in großen Flächen an die Oberfläche kommt. Es qualmt überall. Das Besondere ist jedoch, dass viele der Seen in verschiedenen, starken Farben leuchten und meist 100°C warm sind. Von orange über gelb, rot, blau bis hin zu einem quietsch grün.

Nach Rotorua war unser Roadtrip auch schon vorbei und es ging wieder zurück nach Auckland.

Diese drei Wochen sind unglaublich schnell vergangen, da wir durch den Zeitplan sehr gut beschäftigt blieben.

Wir hatten eine tolle Zeit zusammen, haben viel erlebt und wieder tolle Menschen kennengelernt. Wir haben alles gesehen, was auf unserer Liste steht und ich kann nur sagen: Mein erste Erkundung der Nordinsel – gelungen!

## Skydive – der absolute Adrenalinkick

*23. Mai 2014*

Wenn es eine Sache gibt, die von Anfang an auf meinem Neuseeland-Plan stand, dann war es ein Skydive! Welches Land ist besser dafür geeignet als das wunderschöne Neuseeland?

Zwischenzeitlich hatte ich es tatsächlich aus den Augen verloren, doch durch zwei Freundinnen motiviert, war heute der Tag der Tage endlich gekommen! Während die anderen beiden den Skydive schon zwei Tage früher gebucht hatten, hab ich mich erst am Tag selbst ganz spontan dafür entschieden. Das

Wetter war perfekt, die Stimmung gut und was gibt es besseres als mit zwei guten Freundinnen zu springen?

Wir haben uns für Taupo entschieden, bekannt als *der* Skydive-Ort. Das Wetter war traumhaft für einen Sprung aus schwindelerregender Höhe. Es war wolkenlos und so klar, dass man bis zum Mt Taranaki schauen konnte.

Doch fange ich erstmal vorne an. Am kleinen örtlichen Flughafen angekommen, ging es gleich los mit einer Einweisung, die uns über die zwei verschiedenen Höhen und Foto/Video Pakete informiert. Danach ging es auch ziemlich direkt weiter in einen großen Raum, in dem die Fallschirme wieder gefaltet wurden und die Skydiver eingekleidet. Unsere Gruppe wurde aufgeteilt und wir waren danach nur noch eine kleine Gruppe von fünf Mädels. Während die anderen schon mal vorgesprungen sind, haben wir uns in Ruhe einkleiden lassen und ein Safety-Video geschaut. Von dem Tandem Master, der uns eingekleidet hatte, haben wir noch weitere Hinweise bekommen wie wir uns zu verhalten haben. Natürlich haben sich die Leute am Boden einen großen Spaß daraus gemacht uns Angst zu machen und machen irgendwelche Horrorsituationen in den Kopf zu setzen. Doch das hat den Spaß nur gesteigert.

Schließlich stand das Flugzeug bereit. Nachdem die anderen Tandem Master gelandet und zu ihren neuen „Schützlingen" gekommen sind, haben wir uns auch schon auf den Weg in die Höhe gemacht. Das Flugzeug ist unglaublich klein. Es passen gerade mal 12 Personen rein. In 20 Minuten ging es hoch auf unsere Sprunghöhe von 15,000ft. Während des Fluges wurden wir an unseren Tandem Master geschnallt und nach ein bisschen Sauerstoff, der Mütze, Brille und den Handschuhe ging auch schon die Tür auf.

Jedes Paar hat einen Fotografen dabei gehabt, der als erstes aus dem Flugzeug gestiegen ist und sich von außen dran geklammert hat. Ich bin mit meinem Tandem Master, Rob, als erstes gesprungen bzw. eher gefallen. Beim sitzen an der Kante des Flugzeugs ist mir das Herz stehen geblieben. Der richtige Adrenalinkick kam jedoch beim raus fallen. Zu dritt sind wir einfach in den Himmel gefallen, Sturzflug Richtung Erde. Das Gefühl ist unbeschreiblich. Man fällt mit unglaublicher Geschwindigkeit scheinbar unkontrolliert runter, wobei man der Erde gefühlt nicht näher kommt. Die kalte Luft bläst einem ins Gesicht, Arme und Beine fliegen wild neben dem Körper her und man macht nichts außer sich in die Luft zu legen. Der Ausblick war atemberaubend, doch durch den Adrenalinkick zweitrangig. Nach einer Minute freien Fall, hat Rob den Fallschirm geöffnet und wir sind entspannt durch die Lust geflogen. Erst hier konnte ich den Ausblick genießen und das Gefühl des beinahe freien Fliegens war grandios. Wir konnten beinahe von Küste zu Küste gucken, so klar war es. Natürlich haben wir ein paar Schrauben gedreht und noch andere Späßchen, die den Adrenalinpegeln stetig oben gehalten haben.

Nach fünf Minuten im Fallschirm und einer sanften Landung, war ich so glücklich und Energie geladen, dass ich die ganze Welt umarmen wollte. Ich konnte gar nicht mehr aufhören zu strahlen.

Dieser Skydive hat sich so absolut, unglaublich gelohnt! Und ich bin mir sicher, dass es nicht mein letzter gewesen sein wird. So etwas spannendes, grandioses und aufregendes muss man einfach mehrmals machen!

## Der Norden Neuseelands

*15. Juni 2014*

Diesmal alleine bin ich ins Northland gereist, der Norden der Nordinsel.

Die Spitze Neuseelands beherbergt ein paar sehr attraktive Sehenswürdigkeiten und die wollte ich mir nicht entgehen lassen.

Ganz oben auf meiner Liste steht das Cape Reinga, der für Touristen zugänglichste nördlichste Punkt Neuseelands. Damit hatte ich nicht nur mein Ziel erreicht, vom südlichsten bis zum nördlichsten Punkt gereist zu sein, sondern habe auch einen der schönsten Plätze Neuseelands gefunden.

Das Cape an sich ist eine Klippe, auf der ein kleiner aber feiner Leuchtturm platziert ist. Alles ist sehr leicht für Touristen zugänglich gemacht und daher auch einer der beliebtesten Sehenswürdigkeiten. Dementsprechend viele Menschen waren auch dort.

Mich hat das nicht gestört, da ich meine Augen nur auf die Natur richten konnte. Sehr interessant anzusehen ist beispielsweise der Bereich im Meer, auf dem die beiden Ozeane aufeinandertreffen. Scheinbar irgendwo im Wasser entstehen viele Wellen, die in alle Richtungen hin auslaufen. Das Wasser nimmt dort durch den aufgewühlten Sand eine türkise Farbe an. Ganz deutlich im Wasser zu sehen, sind starke Strömungen um die Klippen herum.

Vom Leuchtturm aus hat man nicht nur einen wundervollen Blick auf den Ozean, sondern auch auf die beiden Küsten die zum Cape führen. Auf der einen Seite sieht man nur Klippen, die wild bewachsen die Wellen brechen. Auf der anderen Seite liegt eine Landzunge, die nur aus Sand besteht.

Das gesamte Cape Reinga ist ein Augenschmaus!

Nach dem Cape ging es für uns zu den sand dunes. Das sind große, weite Sanddünen, die schon über viele Jahre hinweg über die Westküste Neuseelands gewandert sind. Eine große Attraktion dort ist das Sandsurfen, wobei man mit Boards die Sanddünen hinuntersaust.

Doch wir haben uns lieber auf eigene Faust auf die Dünen begeben. Bis auf die höchste sind wir geklettert und hatten von dort einen traumhaften Ausblick auf das Meer auf der einen Seite, bis zum Wald auf der anderen Seite. Die Sanddünen scheinen dabei fast unendlich in die eine Richtung zu reichen. Der

Sand war wunderbar weich und durch die Sonne leicht aufgewärmt. Nachdem wir lange den Ausblick genossen hatten, haben wir uns die steilste Düne gesucht und sind diese runtergerutscht, gesprungen und teilweise gefallen. Sich verletzen war dabei quasi unmöglich, denn egal wie man gefallen ist, man landete im weichen Sand. Das war vielleicht ein Spaß!

Doch die Sonne wollte langsam untergehen, also haben wir uns auf den Weg zurück gemacht. Jedoch nicht, ohne noch einen Stopp am 90-Mile-Beach zu machen. Der Name ist dabei nicht ganz Programm, denn in Wahrheit ist dieser Strand „nur“ um die 56 Meilen lang und ziemlich breit! Vergleichbar mit einer sechs-spurrigen Autobahn in Deutschland. Da der Sand sehr fest ist, wird dieser Strand auch dementsprechend genutzt. Ohne jegliche Regeln dürfen Autos darauf fahren und wilde Faxen anstellen. Alles, was auf den Straßen Neuseelands verboten ist. Einzige wirkliche Voraussetzung ist ein Vierradantrieb, da der Wagen auch leicht mal stecken bleiben kann. Von einem Kiwi habe ich nachher gehört, dass das auch der schnellste Weg ist, in den Norden hoch zu kommen.

Wir sind nur zu Fuß kurz über den Strand gelaufen und haben dem Sonnenuntergang zugeschaut. Trotzdem war es absolut eindrucksvoll! An beiden Seiten reichte der Strand bis an den Horizont und kein Ende war zu sehen.

Danach ging es für uns auch schon wieder zurück ins Hostel.

Es war ein sehr gelungener Tag für mich. Ich habe unglaublich schöne Flecken Neuseelands gesehen und wieder einmal wurde mir bewiesen, wie vielseitig dieses Land doch sein kann!

## Das Tongariro Alpine Crossing

*15. Juni 2014*

Der wohl bekannteste One-day-Walk Neuseelands und das absolut berechtigt!

Der Tongariro Nationalpark ist der älteste Nationalpark Neuseeland und auch mit der berühmteste.

Nach einigen Tagen, die mit Regen gefüllt waren, haben wir uns am Samstag früh morgens auf den Weg zum Tongariro Nationalpark gemacht und sieh an – Das Wetter war perfekt!

Um viertel nach sechs morgens kamen wir an dem Parkplatz an und hatten unseren Shuttle um halb sieben. Dieser brachte uns zum Startpunkt. Somit würden wir nach der Wanderung wieder direkt an unserem Auto ankommen.

Wir, das waren zuerst nur Tobi (den ich in Paihia kennengelernt hatte) und ich. Doch in dem Hostel in Taupo haben wir drei weitere Jungs kennengelernt, die wir am Start des Crossings wiedergetroffen haben. Am Tag davor haben wir ein weiteres Mädel an der i-Site von Taupo kennengelernt, die auch mit uns mitgewandert ist. Somit haben wir uns zu sechst auf den langen Weg gemacht. Doch wir waren nicht die Einzigen. Viele, viele andere Wanderer sind mit uns gemeinsam losgelaufen und den ganzen Weg über waren wir nie alleine. Bei einem so bekannten Walk ist das auch verständlich.

Der Nationalpark ist wunderschön! Vom Startpunkt aus sah man bereits den Mount Ngauruhoe, der als Mount Doom aus Herr der Ringe bekannt ist. Genau daneben liegt der Mount Ruapehu, den man allerdings vom Crossings selbst aus nicht sehen konnte. Da hier bereits Winter ist, waren beide mit Schnee bedeckt und durch die Morgensonne rötlich angestrahlt. Der Tag konnte nicht besser beginnen!

Der Beginn des Weges war einfach, bis wir zu den Treppen kamen. Ein sehr steiler, unglaublich anstrengender Höhengewinn, der aus Treppen und steilen

Wegstücken dazwischen besteht. Da war ich schon ganz schön am hecheln, als ich endlich oben ankam. ‚Oben' hieß in diesem Fall aber noch nicht der höchste Punkt des gesamten Crossings, doch immerhin hatten wir den Mount Ngauruhoe erreicht. Obwohl es keinen festen Weg gibt, ist das Besteigen dieses Vulkans erlaubt. Der Vulkan ist sehr steil und der Aufstieg auf der Vulkanasche mehr als anstrengend.

Allerdings wurde uns an diesem Tag von dem Aufstieg abgeraten, da es durch den neuen Schnee nicht nur deutlich gefährlicher, sondern auch beinahe unmöglich ist. Wie viele andere haben wir es aber dennoch probiert. Bis zur Hälfte sind wir gekommen, doch haben dann gemeinsam entschieden umzukehren, da es wirklich nicht mehr sicher war. Das war auch eine gute Entscheidung, wie sich nachher herausstellte. Denn sobald wir wieder unten waren, zog eine dicke Wolke auf, die den Gipfel des Vulkans einhüllte.

Für uns ging es weiter nach oben, mit dem Ziel des höchsten Punktes des Crossings. Das ist in dem Fall der Red Crater. Ein Krater, der beinahe nur aus rotem Stein besteht, einen enormen Riss in einer Wand hat und stetig vor sich hin dampft. Dort haben wir dann erstmal ein ausgiebiges Lunch gemacht, mit dem schönsten Ausblick den man sich für ein Mittagsessen vorstellen kann. Gut gestärkt haben wir uns schließlich auf einen weiteren kleinen Umweg begeben, dem Summit (Gipfel) des Mount Tongariro. Der Weg dorthin war jedoch spannender als es sich jeder von uns vorher vorgestellt hatte. Zu Beginn ging es nur über grobes Geröll und dicke Steine. Doch schließlich kamen wir zum Schnee, welcher zu dieser Uhrzeit bereits angefroren war. Der „Weg" war dabei lediglich ein kleiner Trampelpfad aus Fußstapfen von anderen Wanderern. Wir hatten das Glück, dass uns nicht viele entgegenkamen, denn das stellte sich immer als sehr schwierig heraus. Von den wenig entgegenkommenden Wanderern haben wir den Tipp bekommen, dass es weiter zum Gipfel hin sehr, sehr rutschig werden wird und wir absolut vorsichtig sein müssen. Diese Stelle war tatsächlich unglaublich gefährlich und natürlich ungesichert. Würde man dort abrutschen, würde man ein ganz schönes Stück den Abhang runterrutschen, bis man schließlich von einem Stein unsanft gebremst wird. Zum Glück sind alle von uns sowohl hin und zurück gekommen, ohne zu verunfallen. Der Ausblick vom Gipfel war es auch absolut wert!

Als wir dann endlich die höchste Stelle des Crossings erwandert hatten, ging es beinahe nur noch bergab. Herrlich!

Zuerst gingen wir an den Emerald Lakes vorbei. Diese Schwefelseen sind heilig für die Maoris und dürfen daher nicht berührt werden. Sie haben eine strahlende türkise Farbe, die in der braunen Vulkanlandschaft sehr schön heraus sticht.

An dem Blue Lake vorbei fing der Rückweg richtig an. Spannend war dieser absolut nicht, eher langweilig. Der Ausblick war –typisch Neuseeland- gut, doch der Weg führt gleichbleibend bergab und das über drei Stunden.

Nach achteinhalb Stunden haben wir den Parkplatz erreicht und waren alle erledigt, doch viel mehr stolz und glücklich.

Zum Abend haben wir uns alle zusammen Pizza geholt und auf unseren Tag angestoßen.

Das Tongariro Alpine Crossing ist der beliebteste One-day-Walk Neuseelands und endlich kann ich aus eigener Erfahrung sagen, dass er das auch absolut verdient hat. Von einem gut ausgeschilderten Wanderweg, bis zu eher gefährlicheren Umwegen. Es ist für jedermann etwas dabei und die Landschaft ist vom Anfang an ein Traum. Jeder der in Neuseeland ist sollte diese Wanderung machen!

## Die ersten Sonnenstrahlen in Gisborne

*23. Juni 2014*

Gisborne ist die östlichste Region Neuseelands und liegt sehr nah an der Datumsgrenze.

Die Sonnenstrahlen, die jeden morgen auf die Erde treffen, scheinen zu allererst in Gisborne und das jeden Tag.

Schon von Beginn meiner Reise an stand es für mich fest, dass ich mir diesen Sonnenaufgang anschauen werde und endlich habe ich es geschafft. Und es hat sich gelohnt!

Gut gestärkt und motiviert habe ich mich um halb sieben morgens auf den Weg gemacht. Von der Besitzerin des Hostels habe ich einen guten Spot als Tipp bekommen, auch wenn ich glaube, dass sie sich etwas in der Jahreszeit vertan hat. Doch genau dadurch hatte ich ein noch tolleres Panorama und es war sowohl für mein Auge wie für mein Kameraobjektiv ein Augenschmaus.

Zum ersten Mal habe ich ganz bewusst einen Sonnenaufgang gesehen und es war wunderschön! Statt immer nur die Sonnenuntergänge zu bestaunen, sollten wir viel öfter einen Blick auf die Sonnenaufgänge legen. Denn es kann ein sehr schöner Start in den Tag werden, mit der Morgenröte, die langsam den Himmel erfüllt, die ersten Sonnenstrahlen, die die Wolken streicheln und schließlich der kleine, goldene Ball der die Stadt in ein warmes Licht taucht.

Es war ein außergewöhnlich schöner Morgen für mich, wobei die nahe Datumsgrenze kaum noch eine Rolle gespielt hat. Ich bin froh diesen kleinen Umweg in Kauf genommen zu haben und den Punkt nun endlich auf meiner ToDo-Liste abhaken zu können.

## Ski – der Traum über den Wolken

*5. August 2014*

Der Tag beginnt früh. Die Sterne leuchten noch am Himmel und die Stadt schläft. Es ist kalt draußen, doch die Vorfreude steigt bei dem wolkenlosen Himmel. Der Bus ist voll mit müden, warm eingepackten Frauen und Männern jeden Alters.

Kaum sind wir aus der Stadt raus, taucht die Morgensonne die schneebedeckten Gipfel in ein warmes Licht und die Fahrt über den Bergpass wird zum szenischen Highlight.

Nach eineinhalb Stunden am Gipfel angekommen, strahlt die Sonne schon fröhlich über Cardrona, unserem Skigebiet. Ohne Umwege geht es direkt auf die Piste, in den ersten Lift nach oben und von dort gelten die ersten Minuten nur dem Genuss der Aussicht. Dann geht's bergab auf dem puderweichen Schnee. Dieser Tag kann nur gut werden.

Vor ein paar Wochen habe ich mir noch die Nordinsel angeschaut und mich seither bewusst dem Nichtstun hingegeben. Nach so vielen Monaten des ständigen Ortswechsels sehnt man sich irgendwann nach einem Ort zum Bleiben.

Am 16.07. bin ich kurzerhand von Auckland nach Christchurch geflogen, mit Queenstown als Ziel. Es gibt noch zwei Punkte auf meiner Liste, die ich unbedingt mitnehmen möchte bevor es nach Hause geht. Zum einen ist es der Milford Track. Doch da dieser Great Walk im Winter durch Schneelawinen sehr gefährlich ist, habe ich mich erst einmal dem anderen Thema gewidmet. Das Skifahren. Vier Skigebiete liegen um Queenstown und Wanaka herum, Cardrona, Treble Cone, Coronet Peak und The Remarkables. Schnell war klar, dass ich zu Cardrona fahren würde, eins der höchstgelegenen Skigebiete mit dem besten Schnee.

Das Buchen von Shuttle und Liftpass war in 5 Minuten erledigt und auch das Ausleihen der Skier etc. dauert nicht viel länger als zehn.

Direkt am nächsten Tag ging es los. Das Wetter war wunderschön, keine Wolke am Himmel und auch der Schnee war ein Traum.

Ich habe mich schnell wieder ins Skifahren eingefunden und bin bis vier Uhr nachmittags die Pisten rauf und runter gesaust. Dann ging auch schon wieder der Bus zurück und ich war überglücklich über den gelungenen Tag.

Am zweiten Skitag habe ich Treble Cone ausprobiert. Dieses Skigebiet liegt bei Wanaka und ist ebenfalls eines der höchsten. Doch durch die überwiegend vereisten Pisten blieb der Spaßfaktor ein wenig zurück. Die Aussicht von dort ist jedoch ein Traum. Es ist schwer, sich gleichzeitig auf die Pisten konzentrieren zu müssen, obwohl das Panorama einen durchgehend ablenkt.

Die nächsten Tage dienten zur Erholung, da aufgrund von starkem Wind die Skigebiete geschlossen wurden. Ich habe mich derweil für die letzten drei Skitage für Cardrona entschieden. Dort war der Wind am folgenden Tag noch nicht ganz abgezogen und hat die Ski- und Snowboardfahrer reihenweise über die Piste geschoben oder einfach umgepustet. Zum Nachmittag zog dann eine dicke Eisregenwolke auf und das Skigebiet wurde geschlossen. Auch am nächsten Tag blieben die Lifte stehen.

Dann jedoch kämpfte sich die Sonne wieder heraus und die letzten beiden Skitage wurden einfach nur herrlich. Der neue Schnee war ein Genuss und als das Wochenende wieder vorbei war, klärten sich auch die Pisten. Das Wetter hätte nicht schöner sein können und meine Laune nicht besser. Der letzte Skitag wurde somit auch zum Besten und mit schwerem Herzen habe ich Skier und Co am Abend wieder abgegeben.

Auch wenn ein Skiurlaub für Backpacker eher ungewöhnlich ist, ist es doch lohnenswert. Das Panorama, das Neuseeland bietet, ist von solch einer

Schönheit, dass ich mich öfters an das Skifahren selbst erinnern musste. Ich hätte den ganzen Tag auf den schneebedeckten Gipfeln sitzen können und in die Ferne schauen.

Für jeden Skifahrer ist etwas dabei, von Anfängern zu Abenteuern. Es sind ein paar sehr schöne Piste in dem Cardrona Skigebiet und dazwischen liegen die unberührten Tiefschneefelder, frei zum befahren. Diese fünf Tage haben mir unglaublich gut gefallen und gingen natürlich viel zu schnell vorüber.

Während Queenstown weiter in seiner Hochsaison boomt, bin ich heute nach Te Anau weitergereist, um mich um meinen zweiten Punkt auf der Liste zu kümmern. Ich habe noch Hoffnung auf einen Great Walk und das werde ich nun angehen.

Immerhin geht es in 18 Tagen zurück in die geliebte Heimat!

## A great Great Walk

*11. August 2014*

Die Great Walks in Neuseeland haben ihren Namen wirklich verdient.

Von Anfang an hatte ich vor den Milford Track zu wandern. Ein vier Tage andauernder Walk im wunderschönen Fjordland. Doch ich habe es im Sommer verpasst und das Wetter im Winter macht diesen Walk leider unbegehbar.

Mein Wille für einen Walk war jedoch nicht geschwächt. Man stelle sich nur weite Landschaften vor, mit unberührtem Schnee und keiner anderen Seele weit und breit. Nur pures Neuseeland.

Also bin ich nach Te Anau gefahren, um von hier aus die richtige Wanderung zu finden. Und schon am ersten Abend hatte ich sie entdeckt. Ein weiterer sehr bekannter Great Walk: der Kepler Track. Dieser Walk dauert normalerweise ebenfalls bis zu vier Tagen und verläuft direkt durch die Berge. Den ganzen

Walk zu begehen ist auch hier nicht möglich, da es durch starke Winde und erhöhte Lawinengefahr schlicht zu gefährlich wäre. Der erste Teil des Weges soll aber auch im Winter lohnenswert sein und so habe ich mich dafür entschieden. Eine sechsstündige Wanderung hoch zur Hut Luxmore, die direkt unter dem Gipfel vom Mount Luxmore liegt (bei ca. 1300m).

Gut präpariert und ausgestattet, habe ich mich schließlich alleine auf den Weg gemacht. Der Wanderweg begann sehr schön, direkt am See gelegen und durch den dichten Wald. Nach etwa eineinhalb Stunden kam dann die Steigung. Und zwar keine steile, kurze Steigung, sondern ein gleichmäßig andauernder moderater Weg nach oben, dem viereinhalb Stunden vorausgesetzt werden. Auf halber Strecke fing es bereits dick an zu schneien und mein Rucksack wurde auch nicht leichter. Ich aber hatte meinen Rhythmus gefunden und nach nicht mal zweieinhalb Stunden war ich bereits aus dem Wald raus. Ein wunderbares Schild teilte mir mit, dass es noch lediglich 45 Minuten bis zur Luxmore Hut sind. Ich lief über die frisch beschneite, weite Berglandschaft, im unberührten Schnee und hätte mit dieser neuen Energie noch Stunden weiterlaufen können. Als ich die Hütte schließlich erreicht hatte, war die Erleichterung doch groß. Endlich konnte ich mich frisch und warm anziehen und einfach nur die Beine hochlegen.

Die Luxmore Hut bietet 55 Personen einen Schlafplatz, hat einen großen Aufenthaltsraum, mit Küche und einem Bad mit Toiletten nebenan. Im Winter sieht es ein bisschen anders aus: Es gibt kein fließend Wasser, auch keine Toilettenspülungen, aufgrund von gefrorenen Leitungen. Das Gas für Kochen wurde ebenfalls abgestellt und es kommt zu keinem Tag vor, dass die Hütte voll besetzt ist.

In meinem Fall waren lediglich ein anderer Wanderer dort und der Hutranger. Dieser lud mich nach meiner Ankunft auf einen Tee ein und ich konnte bei einem unterhaltsamen Gespräch richtig auftauen. Die Nacht habe ich vor dem

Feuer gecampt, da dies die einzige Heizquelle in der gesamten Hütte war. Es war durchaus gemütlich. Warm eingepackt lag ich vor dem knisternden Feuer, während draußen der Wind heult.

Über Nacht hatte es durchgehend geschneit und so hat sich die Schneemenge vom Vortag mehr als verdreifacht. Der Morgen begann sonnig, mit einer dicken neuen Schneedecke vor den Fenstern. Schöner kann man eigentlich nicht aufwachen. Doch heute sollte ich eigentlich zurückwandern und gestärkt und motiviert habe ich mich auf den Weg gemacht. Es begann mit Schienbein-tiefem Schnee, der mir jedoch schnell bis zur Hüfte hoch reichte. Der Pfad war nicht mehr erkennbar und der Wind blies mich immer wieder einfach um. Sehr frustriert habe ich schließlich aufgegeben und mich mit großer Mühe zur Hütte zurückgekämpft. Der Hutranger war über meine –laut ihm-verantwortungsbewusste Entscheidung sehr froh und da ich mich in der Hütte eh wohl fühlte, war ich schnell wieder guter Dinge. Dann kam die beste Nachricht: Die Schicht des Hutrangers würde an diesem Tag enden und er würde abgeholt werden. Und da er den Piloten kannte, konnte er mir tatsächlich einen Flug besorgen. Nicht ganz kostenlos, doch eine unvergessliche Erfahrung - ich wurde mit dem Helicopter ausgeflogen! Ich bekam sogar einen Rundflug über die Berge hinter dem Mount Luxmore. Eine atemberaubende, schneebedeckte, unberührte Traumlandschaft! Unter uns schlängelte sich der weiterführende Kepler Track über die Berge und auch die anderen Hütten haben wir gesehen. Schließlich ging es wieder zurück nach Te Anau, wo mein Abenteuer endet.

Es war eine meiner besten Entscheidungen diese Wanderung zu machen.

Gerade zum Ende meiner Reise wurde mir noch einmal bewusst, wie schön und unberechenbar Neuseeland ist. Ein Land ohne Langeweile oder Vorhersehbarkeit. Ein Land voller toller Menschen, Möglichkeiten und Träumen.

## 365 Tage – 51 Wochen – 12 Monate unterwegs

*26. August 2014*

Ein Jahr. Ein ganzes Jahr war ich von Familie und Freunden getrennt und allein in Neuseeland unterwegs. Ein ganzes Jahr habe ich neue, spannende, unvergessliche Erfahrungen gemacht. Und ein Jahr ist auf einmal, ganz plötzlich wieder vorbei.

Mein großes Projekt nach der Schule hat etwas holprig begonnen. Verständlich: aus dem vorgegebenen Alltag und dem sicheren Elternhaus auf einmal raus und von einem Tag auf den anderen auf sich allein gestellt, und das auch noch in einem völlig fremden Land. Doch genau das ist auch das spannende.

Von Anfang an muss man die Dinge mit Mut angehen. Ehrlichkeit zu anderen und vor allem auch zu sich selbst ist für mich dabei fast am wichtigsten. Mit wem verbringe ich gerne meine Zeit, was möchte ich sehen und wie lange und wo verbringe ich die nächsten Tage.

Schnell habe ich auch die Erfahrung gemacht, dass alleine reisen sehr viel praktischer ist. Denn wirklich allein ist man nie. Reisepartner findet man überall und super schnell und auf diese Weise kann man tolle Bekanntschaften machen und viel im Umgang mit seinen Mitmenschen lernen. Ich bin nur wenige Wochen ganz alleine in Neuseeland unterwegs gewesen und auch das hat in einem ganzen Jahr seine Reize.

Das Arbeiten in Blenheim waren ein paar gute und unterhaltsame Monate für mich. Ich habe dort auf Feldern oder in Fabriken nicht nur den Ehrgeiz zum Studieren entdeckt, sondern auch sehr gute Freunde gefunden. Vielleicht lag es an der stundenlangen Arbeit in praller Sonne auf dem Knoblauchfeld oder beim singen am Fliesband in der Schokoladenfabrik, doch Geld verdienen verbindet. Mit ein paar meiner Arbeitskameraden habe ich bis heute regelmäßigen Kontakt und ein Wiedersehen in Deutschland steht fest.

Meine Erkundungstour durch Neuseeland begann auf der Südinsel, auf der ich die ersten sieben Monate verbrachte. Drei davon bin ich gereist und habe mir die Natur und die Leute näher gebracht. Die Südinsel ist landschaftlich ein Traum. Genau so wie man sich Neuseeland vorstellt, grün, weit und unberührt. Es gibt so viel Abwechslung, von Gletschern, über Seen, über Strände am kühlen Ozean, frische, grüne Wiesen, große, braune Steppen und raue Berglandschaften. Ich bin mit dem Auto gereist und war damit auch sehr zufrieden. So konnte ich an jeder schönen Stelle anhalten, in jede kleine Straße rein fahren und Wege finden, die der Großteil der Touristen nie zu Gesicht bekommt.

Allein mit dem Bereisen der Südinsel und den Freunden die ich dort kennengelernt habe, war ich schon so glücklich und zufrieden, dass sich meine Lust auf die Nordinsel vorerst in Grenzen hielt.

Und so ging es erst einmal nach Fiji. Ein Traum von Insel und meiner Meinung nach auch ein Muss. Ich habe dort mit einer Freundin aus Blenheim für 12 Tage die Sonne, die Strände, das Meer, das Essen und vieles mehr einfach nur genossen.

Und nach dem entspannten Urlaub kam auch die Lust auf die Nordinsel.

Diese ist, wie auch viele andere sagen, nicht ganz so verzaubernd wie die Südinsel, doch auch sie hat ihre Reize. Von Auckland aus bin ich in alle Himmelsrichtungen gefahren, von Norden, Osten, Süden, Westen und habe dort jeweils die für mich wichtigsten Sehenswürdigkeiten besucht. Diesmal per Bus. Für dieses ganze Herumreisen habe ich insgesamt drei Monate gebraucht und war am Ende mit dem Gesehenen und Erlebten auch sehr zufrieden.

Doch meinen letzten Monat, der auf einmal so plötzlich kam, wollte ich gerne wieder auf der Südinsel verbringen. Extra zum Ende kamen die eher Backpacker-untypischen Aktivitäten wie beispielsweise das Skifahren in

Queenstown. Auch das Wandern auf einem der bekannten Great Walks habe ich mir nicht entgehen lassen.

Und zwei Wochen vor meinem Abflug konnte ich es mir endgültig eingestehen: Ich habe alles gesehen, erlebt und bereist was mich in Neuseeland interessiert hat. Ich kann sagen ich kenne Neuseeland und zwar erstaunlich viel vom Land. Ich bin vollkommen zufrieden mit meinem Jahr und bereit nach Hause zu gehen.

Denn auf mein Zuhause, meine Familie und Freunde, habe ich mich das ganze Jahr über schon unglaublich gefreut.

Und jetzt, auf den Tag genau ein Jahr später, bin ich wieder daheim. Ich fühle mich erfahrener, selbstbewusster und unglaublich glücklich.

Ich kann jedem, der die Chance dazu hat, nur von ganzem Herzen empfehlen ein Auslandsjahr zu machen. Denn die Erfahrungen und Erlebnisse vergisst man ein Leben lang nicht und es bringt einen persönlich ein ganzes Stück weiter.

Nun geht es für mich weiter, wie, da bin ich mir auch noch nicht ganz sicher. Doch das wird sich schon finden, da bin ich ganz optimistisch.

Printed by Books on Demand GmbH, Norderstedt / Germany